バランスシート効果と政策の有効性について

平野 智裕

三菱経済研究所

目　　次

第 1 章　はじめに …………………………………………………………… 1

第 2 章　モデル ……………………………………………………………… 7

第 3 章　バランスシート効果の性質 …………………………………… 11
　3.1　情報が完全なケース ………………………………………………… 11
　3.2　情報が非対称なケース ……………………………………………… 11

第 4 章　政策含意：資産再分配政策の有効性 ………………………… 27

第 5 章　結論 ………………………………………………………………… 31

参考文献 ……………………………………………………………………… 33

第1章　はじめに

　貸し手と借り手の間に情報の非対称性が存在しているときには，借り手企業の純資産や担保は借り入れの際に重要な役割を果たす．純資産や担保価値の変化は，銀行貸出を変化させ，企業投資，および生産に影響を与える．この効果をバランスシート効果という．バランスシート効果に関する先駆的研究として，Stiglitz and Weiss (1981), Greenwald, Stiglitz, and Weiss (1984), Bernanke and Gertler (1989), Kiyotaki and Moore (1997) などがある．このバランスシート効果に関して，一見矛盾して見える二つの指摘がある．一方の指摘は，バランスシート効果は不況になるほど大きくなるという指摘である．他方の指摘は，不況といっても，深刻な不況になると，バランスシート効果は小さくなるという指摘である．本稿は，バランスシート効果に関するこの一見矛盾して見える二つの指摘を，一つのモデルを用いて矛盾することなく整合的に説明できることを示す．

　不況になるほどバランスシート効果は大きくなることを指摘した先駆的な研究として，Gertler andHubbard (1988)（以下，GH と呼ぶ）の論文がある．GH らはバランスシート効果に注目し，米国において 1970 年から 1984 年までの期間を対象に実証分析を行った．その結果，不況期の方が，バランスシート効果は大きいと結論づけている．この点は Bernanke, Gertler and Gilchrist (1994, 1998)（以下 BGG と呼ぶ）でも，バランスシート効果のもつ重要な性質として何度も強調されている．BGG らはバランスシートとエイジェンシー・コストの関係に着目し，バランスシート改善によるエイジェンシー・コストの低下幅は常に

一定ではなく，景気の悪化局面ほど大きく，景気の拡大にともなって小さくなることを強調する．このことは，不況期の方が，企業のバランスシート改善によって銀行貸出，企業投資，生産を大きく増やすことが可能となることを意味する．したがって，金融政策の有効性も不況になるほどその効果が大きい．日本でも同様に，細野・渡辺 (2002) らがバランスシート効果に注目し，1971 年から 1999 年までの期間を対象に実証分析を行った．その結果，企業の純資産が全般に低下する局面の方が，バランスシート効果は大きいことを明らかにした．

一方，マクロ経済学では伝統的に「流動性の罠」をはじめ，不況期には，企業投資を促し，生産を大きく増やすことは困難であるという見方が強い．Greenwald and Stiglitz (1992), Stiglitz (1993, 1997, 2016) は，企業のバランスシートが悪化し，企業投資の収益に関する見通しも悪くなる不況期，とりわけ深刻な不況期には，銀行貸出を促し，企業投資の拡大を通じて生産を大きく増やすことは困難であると結論づけている．つまり，深刻な不況期には，バランスシート効果は小さい．

バランスシート効果に関して，このように一見矛盾して見える二つの指摘があるのは，一体なぜであろうか．本稿は，バランスシート効果に関するこの一見矛盾して見える二つの指摘を，一つのモデルを用いて矛盾することなく整合的に説明できることを示す．その際，二つの点に注目する．

注目する一つ目の点は，議論の対象となる不況の程度である．GH や細野・渡辺らの実証分析は，彼らの分析期間から，彼らのいう不況が大恐慌ほどの深刻な不況ではないことがわかる．一方，Stiglitz 達はアメリカの大恐慌のような深刻な不況を議論の対象としている．このことから，バランスシート効果に対する見解の相違は，不況の程度の違いによって生じていると考えられる．そのため，バランスシート効果を考える上では，深刻な不況期とそれほど深刻ではない不況期の二つにわけて，その効果を考える必要がある．

第1章　はじめに　　**3**

　二つ目の注目点は，限界的に信用制約を受ける企業が，生産活動の各局面においてどれだけ存在しているのかという点である．貸し手，借り手間の非対称情報，あるいは契約の不完備性を考慮すると，潜在的に返済能力があってもバランスシートの悪い企業は，銀行からの借り入れを受けられない．政府の金融政策や財政政策によってバランスシートが改善したときに，銀行貸出を通じて企業投資，および生産がどれだけ増加するのかは，新たに借り入れを受けられる企業が限界的にどれだけ存在しているのかに依存する．したがって，バランスシート効果の大きさを考える上では，限界的に信用制約を受ける企業が，生産活動の各局面においてどれだけ存在しているのかに注目する必要がある．

　これら二つの点に注目することで，本稿では主要な結論として，バランスシート効果は本質的に非線形であり，不況の程度によって異なるという結論が得られる．その直観的なロジックは次である．純資産と投資プロジェクトの効率性に関する企業分布を考えた場合，好況期に信用制約に直面する企業は，純資産が相対的に少なくプロジェクトの効率性が相対的に劣る極少数の企業であると考えられる．中程度の不況期には，さらに多くの企業が信用制約に直面する．このとき，限界的に信用制約を受ける企業数は最も多くなる．したがって，中程度の不況期には，僅かなバランスシートの改善が投資，生産に大きな影響を与えることになる．

　ところが，不況の程度がさらにひどい大不況期には，ほとんどすべての企業が信用制約に直面し，限界的に信用制約を受ける企業数は極僅かになる．このときバランスシートが改善しても，純資産やプロジェクトの効率性の優れた極少数の企業だけが新たに信用を受けられる．したがって，バランスシートの改善が銀行貸出を通じて企業投資，および生産に与える効果は，非常に小さい．

　言い換えると，横軸に企業の純資産の平均値，縦軸に経済全体の投資量，もしくは生産量をとったとき，その関係は非線形であり，図1

図1

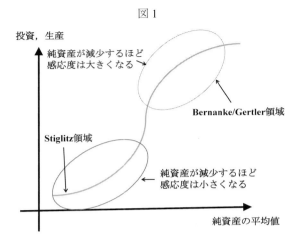

のようにS字型カーブを描く．したがって，バランスシート効果の大きさは，経済がS字型カーブのどの位置にいるのかに本質的に依存する．経済が大恐慌のような深刻な不況に陥っており，S字型カーブの左端に存在しているときには，限界的に信用制約を受ける企業家の数は非常に少ない．それゆえ，バランスシート効果は非常に小さくなる．図1の左端は，Stiglitz領域にあたる．一方，経済がそれほど深刻な不況ではなく，S字型カーブの中央辺りに存在しているときには，限界的に信用制約を受ける企業家の数は非常に多い．それゆえ，バランスシート効果は大きくなる．図1の右側の領域は，Bernanke・Gertler領域にあたる．

　以下の構成は次の通りである．第2節では，信用制約のある理論モデルの構造を説明する．次に第3節で，バランスシート効果の性質を明らかにする．この性質を使って，BGG，細野・渡辺らの指摘とStiglitzらの指摘を矛盾することなく整合的に説明することが可能になる．第4節は，第3節の応用であり，政策へのインプリケーションを考える．ここでは再分配政策を採り上げ，その効果を分析する．第5節は結論である．

第 1 章 はじめに

　本書は、筆者が公益財団法人三菱経済研究所で兼任研究員として在籍中に執筆を始めたもので，同研究所の滝村竜介常務理事からは，草稿に関して改善点を指摘して頂いた．また，毎週のようにコロンビア大学経済学部の Jose Scheinkman 教授，Joseph Stiglitz 教授，Bruce Greenwald 教授と議論を重ね多くの意見を頂いた．ここに記して感謝の念を表します．

第2章　モデル

　各個人が若年期と老年期の2期間生きる世代重複モデルを用いて分析をする．本稿では，消費財を生産する消費財生産部門と，投資プロジェクトによって資本財を生産する資本財生産部門の2部門経済モデルを考える．

　消費財生産部門の生産者は資本財と労働を生産要素として，最終財である消費財を生産する．一方，企業家にはそれぞれ1つの投資プロジェクトを保有しており，t期にプロジェクトを実行すると$t+1$期に資本財が生まれる．プロジェクトの実行には生産要素として消費財がI単位必要である．このI単位は企業家ごとに異なっている．つまり，$I \in [\underline{I}, \overline{I}]$の値をとる．企業家の投資によって作られた資本財は，一期後消費財生産のために使用された後完全に減耗するとする．

　毎期一定の数の家計と企業家が生まれる．若年世代の大きさを1とする．企業家の割合を$\eta(0 < \eta < 1)$，家計の割合を$1-\eta$とする．人口成長はないものとする．したがって，人口の大きさは時間を通じて一定である．

　若年期の家計と企業家には毎期首に1単位の労働力が与えられる．また，家計にはe^l単位の財が賦与される．企業家の財賦与量eは企業家によって異なり，$e \in [e_{\min} = \underline{e} + A, e_{\max} = \overline{e} + A]$の値をとる．$A$は生産性を表す．家計，企業家とも若年期のみ働き，消費財生産部門に労働力1単位を非弾力的に供給しt期の労働所得w_tを稼ぐ．したがって，若年期の家計，企業家のt期の所得は，それぞれ$w_t + e^l, w_t + e$となる．このモデルでは稼いだ所得は純資産となる．企業家の純資産W^eは

$W_t^e \equiv w_t + e$ となり，$W_t^e \in [w_t + e_{\min}, w_t + e_{\max}] \equiv \left[W_{t,\min}^e, W_{t,\max}^e \right]$ の値をとる．つまり，純資産の値は企業家ごとに異なる．生産性 A が高い（低い）ときには，企業家の純資産は全般的に高くなる（低くなる）．

　この経済には今期 1 単位の消費財を投入すると，次の期に r 単位の消費財が得られる貯蓄技術がある．r は外生である．この貯蓄技術は分割可能であり，すべての経済主体がアクセスできる．一方，投資プロジェクトには企業家だけがアクセスできる．この投資プロジェクトは分割不可能であり，それぞれの企業家に生まれたときに与えられる．企業家は純資産と銀行からの借り入れによってこの投資プロジェクトをファイナンスする．

　企業家が t 期に消費財 I 単位を投入すると，$t+1$ 期に資本財 R が生産される．R は確率変数で $R \in \left[0, \overline{R} \right]$ の値をとり，密度関数 f，分布関数 F に従う．$f(R) > 0$ とする．プロジェクトの平均値はすべての企業家にとって同じであり，$\int_0^{\bar{R}} R dF(R) = R^\mu$ とする．したがって，投資額 I の値が小さい企業家ほどより効率的な企業家といえる．

　本稿では分析の簡単化のために次を仮定する．

仮定 1.　I, W^e の同時分布は一様分布に従う．

仮定 2.　$\overline{I} - \underline{I} \leq \overline{e} - \underline{e}$

　また，資金供給に関して B・G (1989) と同じように次を仮定する．

仮定 3.　$\eta \int_{e_{\min}}^{e_{\max}} \int_{\underline{I}}^{\overline{I}} \left(I - W_t^e \right) dI dW_t^e \frac{1}{\overline{I} - \underline{I}} \frac{1}{\overline{e} - \underline{e}} < (1 - \eta) e^l$

　仮定 3 は，この経済には企業家の投資をすべてファイナンスするだけの十分な資金が常に存在していることを意味する．η が小さく企業家部門が相対的に小さい場合や，e^l が大きく家計の資金が豊富な場合には，この仮定は満たされる．

　企業家と家計の効用関数を次のように仮定する．$V_t = c_{t+1} - \delta$．つまり，家計，企業家は第 2 期の消費からのみ効用を得る．δ は努力量であ

る．このモデルでは，仮定 3 が満たされるとき，t 期から $t+1$ 期にかけての預金金利は，均衡において貯蓄技術のリターン r に等しくなる．

　次に最終財である消費財を生産する生産者の行動を考える．この経済には競争的な生産者が多数存在し，各生産者は労働と資本を生産要素として消費財を生産する．最終財の生産は次の生産関数に従う．

$$y_t = k_t^{\sigma} n_t^{1-\sigma} K_t^{1-\sigma}.$$

y_t は t 期の各生産者の生産量，k_t と n_t は t 期の資本と労働の投入量である．K_t は t 期の経済全体の資本量であり，生産性に対する正の外部性を表す．経済全体の総生産量を Y_t とすると，均衡では，$Y_t = K_t$ が成立する．

　完全競争的な財市場，労働市場，資本のレンタル市場を仮定する．t 期における資本財と消費財の相対価格，労働所得はそれぞれ次のようになる．

$$q_t = \sigma,$$

$$w_t = (1-\sigma) K_t.$$

また，次を仮定する．

仮定 4. $\displaystyle \int_0^{\bar{R}} q_{t+1} R \, dF(R) = \sigma R^{\mu} > (1+r)\overline{I}$

　この仮定は，最も効率性の劣る企業家の投資プロジェクトであっても，投資の割引純現在価値が正であることを意味する．したがって，すべての企業家の投資は社会的にみて有益である．

第3章 バランスシート効果の性質

　第3節では，第2節のモデルを基にバランスシート効果のもつ新たな性質を明らかにする．まず，情報が完全なケースを分析し，次に情報が非対称なケースを分析する．

3.1 情報が完全なケース

　情報が完全なときには，仮定3から均衡では預金金利は r となり，投資プロジェクトはすべてファイナンスされる．したがって，資本の動学式は単純で次になる．

$$k_{t+1} = \eta \int_{W_{t,min}^e}^{W_{t,max}^e} \int_{\underline{I}}^{\overline{I}} R^\mu dI dW_t^e \frac{1}{\overline{I} - \underline{I}} \frac{1}{\overline{e} - \underline{e}} = \eta R^\mu.$$

情報が完全なときには，投資プロジェクトはすべてファイナンスされ，初期値 K_0 が与えられると，すぐに定常均衡に至る．完全情報のケースでは，企業家の純資産は投資の決定には無関係となる．一方，次に分析するように情報が非対称なケースでは，投資決定の際に企業家の純資産が重要な役割を果たすことになる．

3.2 情報が非対称なケース

　それでは次に情報が非対称なケースを分析してみよう．本稿では Townsend (1979) と Williamson (1986) によって開発された Costly state

Verification モデルを用いて分析をする.

　貸し手が借り手を審査する際には，c 単位の努力コストがかかるとする．このコストは消費財を基準に測られるとする．金融仲介機関である銀行は最終的な貸し手である預金者から資金を集め，集めた資金を企業家へ貸し出す．i_t^l を t 期の貸し出し金利とし，借り入れ量を $B_t = I - W_t^e$ とする．銀行と企業家の取引はすべて消費財で測っている．決められた貸出契約の下で，約定返済額 $(1+i_t^l)B_t$ よりもプロジェクトの実現収益 $q_{t+1}R$ の方が小さくなるとき，企業家は債務不履行を起こす．この条件は以下のように書ける.

$$q_{t+1} R \leq \left(1+i_t^l\right) B_t.$$

ここでは，式の記述を容易にするために $\hat{R}$ を以下のように定義しよう.

$$\hat{R} \equiv \left(1+i_t^l\right) \frac{B_t}{q_{t+1}}.$$

すなわち $\hat{R}$ は所与の貸出契約のもとで，企業家が債務不履行を起こさないようなプロジェクトのリターン R の最低値である．このとき，銀行が投資プロジェクト I，純資産 W_t^e の企業に融資したときの，一単位当たりの銀行の期待利潤は，以下のように書ける.

$$\pi^b\left(I, W_t^e, i_t^l\right) = \frac{1}{B_t} \left(\int_0^{\hat{R}} (q_{t+1}R - c) dF(R) + \int_{\hat{R}}^{\overline{R}} \left(1+i_t^l\right) B_t dF(R) \right).$$

(1)

右辺の第一項は，借り手企業家が債務不履行を起こすときの銀行の期待利潤である．第二項は，借り手が約束通り債務を返済するときの銀行の期待利潤である．銀行の期待利潤 π^b は，企業家の投資プロジェクトの効率性を表す I，審査コスト c の減少関数となる．(1) 式を貸し出

第3章 バランスシート効果の性質

し金利で偏微分すると，次の式が得られる．

$$\frac{\partial \pi^b}{\partial i_l}\left(I, W_t^e, i_t^l\right) = \int_{\hat{R}}^{\overline{R}} dF(R) - cf(\hat{R})\frac{1}{q_{t+1}}. \tag{2}$$

第一項は金利上昇による期待利潤増加分である．第二項は金利上昇によって生じる期待審査コストの上昇分である．この第二項は，金利上昇によって借り手の債務不履行リスクが上昇することから生じる期待損失の増加分である．(2) 式に関して $\frac{(1+i_t^{\overline{l}})B_t}{q_{t+1}} = \overline{R}$ となる $\overline{i}_l^l$ を定義し，極限をとると次が得られる．

$$\lim_{1+i_t^l \to 1+\overline{i}_t^l} \frac{\partial \pi^b}{\partial i_l} = -cf(\bar{R})\frac{1}{q_{t+1}} < 0$$

また，次の二つを仮定する．

仮定 5. $\displaystyle\lim_{1+i_t^l \to 0} \frac{\partial \pi^b}{\partial i_t^l} = \int_0^R dF(R) - cf(0)\frac{1}{q_{t+1}} > 0,$

$$\frac{\partial^2 \pi^b}{\partial i_t^{l2}} < 0 \Leftrightarrow q_{t+1}f(\hat{R}) + cf'(\hat{R}) > 0.$$

これら3つの式から，銀行の期待利潤は，$0 < 1+i_t^l < 1+\overline{i}_t^l$ において最大値をとる．銀行の期待利潤関数 π^b は i_t^l に関して concave 関数となり，図2のようになる．銀行の期待利潤が最大となる貸し出し金利を $i_t^{l,m}$ とすると，$i_t^{l,m}$ は次の式を満たす．

$$\int_{\frac{(1+i_t^{l,m})B_t}{q_{t+1}}}^{\overline{R}} dF(R) - cf\left(\frac{(1+i_t^{l,m})B_t}{q_{t+1}}\right)\frac{1}{q_{t+1}} = 0. \tag{3}$$

陰関数定理から貸し出し金利 $i_t^{l,m}$ は，W_t^e, q_{t+1}, c の関数となる．

ここで $\frac{(1+i_t^{l,m})B_t}{q_{t+1}} \equiv R^*$ の定義式を使って (1) 式を書き直すと次のよう

図 2

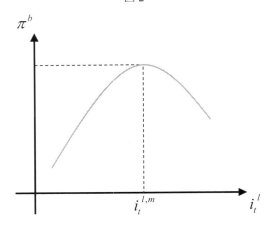

になる.

$$\pi^b(I, W_t^e, i_t^{l,m}) = \frac{1}{B_t}\left(\int_0^{R^*}(q_{t+1}R-c)dF(R) + \int_{R^*}^{\overline{R}}(1+i_t^{l,m})B_t dF(R)\right). \tag{4}$$

(4) 式は投資プロジェクト I,純資産 W_t^e,貸し出し金利 $i_t^{l,m}$ の企業家に融資したときの,銀行にとっての一単位当たり貸し出しの最大期待利潤である.完全競争的な貸出市場を仮定し,次の式を満たす I を $\hat{I}_t$ と定義しよう.

$$\pi^b(\hat{I}_t, W_t^e, i_t^{l,m}) = 1+r. \tag{5}$$

(5) 式は所与の W^e に対して,企業家 $\hat{I}$ に融資したときの銀行にとっての最大期待利潤と融資の限界費用とがちょうど等しくなることを意味している.図で書くと図 3 のようになる.図 3 では同じ純資産 W_0^e の企業家を考えている.銀行の期待利潤 π^b が I の減少関数であるため,図 3 のように所与の W_0^e に対して,(5) 式を満たす $\hat{I}$ が存在している.このとき,$\underline{I} \leq I \leq \hat{I}$ の企業家は資金調達できるのに対して,$\hat{I} \leq I < \overline{I}$

第3章 バランスシート効果の性質

図3

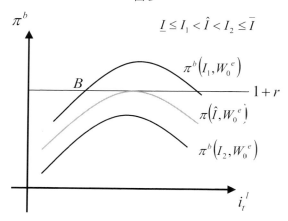

の企業家は資金調達できない．つまり，投資の効率性が劣る $\hat{I} \leq I < \overline{I}$ の企業家は信用制約を受けることになる．また，完全競争的な貸し出し市場では，タイプ I_1 の企業家に対する貸し出し金利は B 点で決定される．さらに本稿では，信用割当均衡に焦点を当てる．つまり，貸し手が資金提供する条件を考慮に入れたもとでの企業家の期待利潤を考えると，

$$\pi^e(\hat{I}, W_t^e, i_l^m) = \int_0^{\overline{R}} q_{t+1} R dF(R) - \int_0^{\frac{i_l^m B_t}{q_{t+1}}} c dF(R) - (1+r)B_t.$$

$\pi^e(\hat{I}, W_t^e, i_l^m) > (1+r)W_t^e$ となる信用割り当て均衡を分析対象とする．つまり，$\pi^e(\hat{I}, W_t^e, i_l^m) > (1+r)W_t^e$ が成り立っている状況では，$\hat{I}$ よりもほんの少しだけ投資額 I が大きい企業家は，銀行への返済を考慮に入れたもとでも投資の期待純利益は正であり，より高い金利を支払っても借り入れをしたいが，均衡で借り入れることができない．

また，次を仮定する．

仮定 6. $\pi^b(\underline{I}, e_{\max}, i_t^{l,m}) > 1+r$

16

この仮定は，預金金利が r のとき，最も効率的な企業家は常に資金調達できることを意味する．したがって，このモデルでは，均衡において経済全体の投資がゼロになることはない．e の値が大きい場合や $\underline{I}$ や c の値が小さい場合にはこの仮定は満たされる．

命題 1. 企業家の純資産が増加（減少）すると，相対的に効率性の劣る（勝る）企業家も資金調達できるようになる（資金調達できなくなる）．

証明 $\hat{I}_t$ が純資産の増加関数となることを示せばよい．(5) 式を (3) 式の関係を使い全微分し，$\frac{d\hat{I}_t}{dW_t^e}$ について解くと次の式が得られる．

$$\therefore \frac{d\hat{I}_t}{dW_t^e} = 1.$$

よって，$\hat{I}_t$ は純資産 W_t^e の増加関数となる．

命題 1 の直観的な説明は次である．純資産の増加によって，企業家の銀行借り入れは減少する．(4) 式から，このことは，銀行にとっての貸し出し 1 単位当たりの期待利潤が上昇することを意味する．貸し出しからの期待利潤が上昇すると，銀行はより効率性の劣る企業家にも貸し出しが可能となる．つまり，これまで限界的に信用制約を受けていた企業家が，信用制約を緩和され，資金調達できるようになる．一般に生産が活発になる景気の拡大期には，企業の純資産は増加するため，信用制約を受ける企業数は減る結果，経済全体の投資は増加し生産はさらに活発になると予想される．

命題 1 から，t 期の $\hat{I}_t$ は t 期の企業家の純資産の単調線形増加関数として書ける．つまり，$\hat{I}_t = \hat{I}\left(W_t^e\right)$．

ここで次の式を満たす $\overline{W}^e$ と $\underline{W}^e$ をそれぞれ定義しよう．

第 3 章 バランスシート効果の性質

図 4

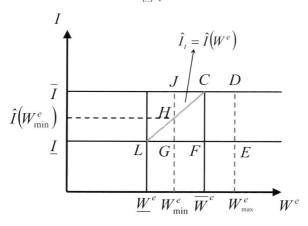

$$\hat{I}_t(\overline{W^e}) = \overline{I}$$

$$\hat{I}_t(\underline{W^e}) = \underline{I}$$

$\overline{W^e}$ は企業家の純資産が増え，最も効率性の劣る企業家が資金調達できるようになる純資産の値である．$\underline{W^e}$ は企業家の純資産が減り，最も効率性の良い企業家だけが資金調達できる純資産の値である．命題 1 から純資産の値に応じて，資金調達できる限界的な企業家のタイプ $\hat{I}$ が変化し，純資産の増加関数となっている．したがって，図 4 のように $\hat{I}$ は W_t^e に対して右上がりの直線として書ける．図 4 では $W_{t,\min}^e > \underline{W^e}$ の場合を描いている．企業家は領域 $GEDJ$ に分布している．以下の分析では，$\overline{W^e} < I$ かつ $\underline{W^e} > 0$ の状況を分析する．これは，銀行から信用制約を受けるか，あるいは受けないかによって企業家の投資が変化する点に焦点をあてるためである．$\overline{W^e} \geq I$ や $\underline{W^e} \leq 0$ の状況を考えたとしても，本稿で得られる結論は変わらない．

図 4 から，純資産の値によって資金調達できる限界的な企業家のタ

イプ $\hat{I}$ は異なることがわかる．たとえば，図 4 の $W^e_{t,\min}$ の企業家で
あれば $\underline{I}$ から $\hat{I}(W^e_{t,\min})$ の企業家（点 G から点 H）は資金調達できる
一方，$\hat{I}(W^e_{t,\min})$ から $\overline{I}$ の企業家（点 H から点 J）は資金調達できな
い．純資産が豊富で $W^e \geq \overline{W}^e$ の企業家は，$I \in [\underline{I}, \overline{I}]$ の企業家すべて
が資金調達でき，信用制約はまったく受けない．一方，純資産が少な
く $W^e < \underline{W}^e$ の企業家は $I \in [\underline{I}, \overline{I}]$ のすべての企業家が資金調達できず，
信用制約を受ける．

　図 4 の領域 $CDEGH$ は，銀行から資金調達できる企業家を表して
いる．一方，領域 CHJ は，銀行から資金調達できない企業家を表し
ている．直線 CH 上に存在している企業家は，限界的に信用制約を受
ける企業家を表している．したがって，たとえば，生産の拡大，ある
いは縮小にともなって企業家の純資産，およびその分布が変化すると，
この直線の長さも変化する．その結果，限界的に信用制約を受ける企
業家の数も変化する．この直線が最も長くなるのは点 C から点 L にか
けてのときである．

　資本の動学方程式は次のようになる．

$$k_{t+1} = \eta \int_{W^e_{t,min}}^{W^e_{t,max}} \int_{\underline{I}}^{\hat{I}(W^e_t)} R^\mu \, dI \, dW^e_t \frac{1}{\overline{I} - \underline{I}} \frac{1}{\overline{e} - \underline{e}}. \tag{6}$$

(6) 式と純資産の決定式から，今期の資本が変化すると今期の企業家の
純資産が変化し今期の投資が影響を受ける結果，来期の資本が変化す
る．来期の資本が変化すると，来期の企業家の純資産はさらに変化し，
来期の投資も変化する．このように企業家の純資産の変化は生産活動
に持続的な影響を与える．つまり，次のような連鎖が生じる．

$$K_t \uparrow\downarrow \to Y_t \uparrow\downarrow \to W^e_t \uparrow\downarrow \to K_{t+1} \uparrow\downarrow \to Y_{t+1} \uparrow\downarrow \to W^e_{t+1} \uparrow\downarrow \to K_{t+2} \uparrow\downarrow \cdots$$

この連鎖から明らかなように何らかのショックによって企業家のバラ
ンスシートが変化すると，生産活動に持続的な影響を生み出す．なお，

純資産の決定式から，経済全体の資本が減ると（増えると），企業家の純資産は全般的に低下する（増加する）ことがわかる．

そこで次に，バランスシート効果はどのような性質をもっているのか，資本と生産の動学過程がどのような関係にあるのかを調べてみよう．

命題 2. t 期と $t+1$ 期の均衡資本量の関係の関係は S 字型となる．

証明 次のイ）ロ）ハ）ニ）の 4 つの場合にわけて証明する．

イ）$W_{t,max}^e < \overline{W}^e \Leftrightarrow K_t < \dfrac{\overline{W}^e - e_{\max}}{1-\sigma}$ の領域では，

$$\frac{dK_{t+1}}{dK_t} = \eta \int_{\underline{I}}^{\hat{I}(W_{t,max}^w)} R^\mu dI \frac{1}{\overline{I}-\underline{I}} \frac{1-\sigma}{\overline{e}-\underline{e}} > 0, \quad \frac{\partial^2 K_{t+1}}{\partial K_t^2} = \eta R^\mu \frac{1}{\overline{I}-\underline{I}} \frac{(1-\sigma)^2}{\overline{e}-\underline{e}} > 0.$$

ロ）$W_{t,max}^e \geq \overline{W}^e$ かつ $W_{t,min}^e \leq \underline{W}^e \Leftrightarrow \dfrac{\overline{W}^e - e_{\max}}{1-\sigma} \leq K_t \leq \dfrac{\overline{W}^e - e_{\min}}{1-\sigma}$ の領域では，$\dfrac{dK_{t+1}}{dK_t} = \eta \dfrac{R^\mu (1-\sigma)}{\overline{e}-\underline{e}} > 0, \ \dfrac{\partial^2 K_{t+1}}{\partial K_t^2} = 0.$

ハ）$\underline{W}^e < W_{t,min}^e \Leftrightarrow K_t > \dfrac{W^e - e_{\min}}{1-\sigma}$ の領域では，

$$\frac{dK_{t+1}}{dK_t} = \eta \int_{\hat{I}(W_{t,min}^e)}^{\overline{I}} R^\mu dI \frac{1}{\overline{I}-\underline{I}} \frac{1-\sigma}{\overline{e}-\underline{e}} > 0, \quad \frac{\partial^2 K_{t+1}}{\partial K_t^2} = -\eta R^\mu \frac{1}{\overline{I}-\underline{I}} \frac{(1-\sigma)^2}{\overline{e}-\underline{e}} < 0.$$

ニ）$W_{t,min}^e \geq \overline{W}^e \Leftrightarrow K_t \geq \dfrac{\overline{W}^e - e_{\min}}{1-\sigma}$ の領域では，

$$\frac{dK_{t+1}}{dK_t} = 0, \quad \frac{\partial^2 K_{t+1}}{\partial K_t^2} = 0.$$

命題 2 の証明から，t 期と $t+1$ 期の資本の関係が，イ）は convex となることを意味し，このとき企業家の純資産が全般に低下するほど，純資産の変化に対する生産の感応度は大きくなる．ハ）は concave となることを意味し，このとき企業家の純資産が全般に低下するほど，純資産の変化に対する生産の感応度は小さくなる．ロ），ニ）は線形となることを意味し，このとき純資産の変化に対する生産の感応度は企業家の純資産の全般的な水準には依存せず一定となる．

それではなぜ今期と来期の均衡資本量の関係が S 字型となるのかを

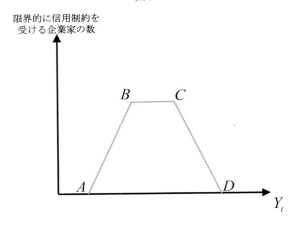

説明しよう．ここで注目すべきは，経済全体の資本が変化し，企業家の純資産が変化したときに，どれだけの企業家が新たに資金調達できるようになるのかという点である．たとえば，経済全体の資本が増え純資産が増えたとしよう．このとき経済全体の生産量がどれだけ増加するのかは，どれだけの企業家が純資産増加によって，新たに信用を受けられるようになるのかに依存している．純資産増加によって，新たに信用を受けられるようになるのは，それまで限界的に信用制約を受けていた企業家である．したがって，バランスシート効果の大きさを考える上では，生産活動の各局面において，限界的に信用制約を受ける企業家がどれだけ存在しているのかに注目する必要がある．

　図5は，限界的に信用制約を受ける企業家の数と生産の関係を表している．図5からわかるように，その関係は山なりの関係となる．つまり，限界的に信用制約を受ける企業家の数は，生産水準の高いときと低いときとでは異なる．図5では，点Aから点Bにかけて増加し，点Bから点Cにかけて一定となり，点Cから点Dにかけて減少する．これは図4では，点Aから点Bにかけては $W^e_{max} \leq \overline{W^e}$ の場合に相当

し，点 B から点 C にかけては $W_{t,max}^{e} \geq \overline{W}^{e}$ かつ $W_{t,min}^{e} \leq \underline{W}^{e}$ に相当し，点 C から点 D にかけては $\underline{W}^{e} < W_{t,min}^{e}$ に相当する．点 D より右の部分は $W_{t,min}^{e} \geq \overline{W}^{e}$ に相当する．このように，限界的に信用制約を受ける企業家の数は，経済全体の生産が大きく低下した深刻な不況期，中程度の不況期，好況期では異なる．この経済学的直観は以下である．

まず，深刻な不況期には，ほとんどすべての企業家が信用制約に直面し，信用を受けられるのは純資産が豊富でプロジェクトの効率性が良い極少数の企業家だけである．つまり，このとき限界的に信用制約を受ける企業家の数は極僅かとなる．このときバランスシートが改善しても，極僅かの企業家だけが新たに信用を受けられるだけであるから，バランスシート改善による投資，生産の増加幅は非常に小さい．ところが，深刻な不況から生産が徐々に拡大するにつれ，限界的に信用制約を受ける企業家の数は増えていき，バランスシート改善による投資，生産の増加幅も大きくなる．これがバランスシート効果がconvexになる理由である．

一方，中程度の不況から生産が拡大していく過程では，限界的に信用制約を受ける企業家の数は減っていく．それゆえ，バランスシート改善による投資，生産の増加幅も生産の拡大にともなって小さくなる．生産がさらに拡大し，ほとんどすべての企業家が信用を受けられる状況では，純資産が少なく投資の効率性が劣る極僅かの企業家だけが信用制約に直面する．つまり，限界的に信用制約を受ける企業家の数は，このとき極僅かとなる．そのため，バランスシートが改善しても，投資，生産の増加幅は非常に小さい．いったんすべての企業家が信用を受けられるようになると，限界的に信用制約を受ける企業家は存在しなくなるため，それ以上バランスシートが改善しても追加的に投資，生産は増加しなくなる．そのため，企業家の純資産と経済全体の生産量の関係の右端は一定となる．これがバランスシート効果が concave になる理由である．

22

　次に，このことを図3を使って説明してみよう．まず，生産活動が大きく低迷する深刻な不況期には，多くの企業家のバランスシートは悪化し，多くの企業家が信用制約に直面している．信用を受けられるのは純資産が豊富で投資の効率性が優れた極僅かの企業家だけである．この状況は図3では，多くの企業家に対する融資の最大期待利潤が，タイプ I_2 への融資のように，貸し出しの際の限界費用（預金金利）を大きく下回っていることを意味する．このときバランスシートが改善し，銀行の期待利潤関数 π^b が上方へシフトしたとしても，いぜんとしてそれらの企業家に対する融資の最大期待利潤は限界費用を下回っている可能性がある．不況が深刻であるほどこの可能性は大きくなる．こういった状況では，バランスシートが多少改善しても信用を新たに受けられる企業家は極僅かであるため，投資，生産の増加幅は小さくなるのである．信用リスクの観点からすると，この状況は，バランスシートが改善しても多くの企業家に対する融資の信用リスクはいぜんとして高く，銀行がリスクを取れないことを意味する．しかし，生産が徐々に拡大するにつれ融資の期待利潤関数は，さらに上方へシフトしていく．このとき，バランスシートが改善すると，多くの企業家に対する融資の最大期待利潤が限界費用と等しくなる．つまり，多くの企業家が新たに信用を受けられるようになる．そのため，バランスシートの改善は，銀行貸出の増加を通じて投資，生産を追加的に大きく増加させるのである．この状況は，生産活動の活発化にともなって，銀行がリスクを取れる企業家の数が増えることを意味する．

　生産がさらに拡大すると，今度は限界的に信用制約を受ける企業家の数は減り始める．これは生産が拡大し好況期になると，企業家のバランスシートは改善し，多くの企業家が銀行からすでに資金調達できるようになっている．このことは，図3では，多くの企業家に対する融資の最大期待利潤が，限界費用を上回っていることを意味する．融資の最大期待利潤が限界費用を下回っているのは，純資産が少なく投

資の効率性が劣る極僅かの企業家だけである．そのため，このときバランスシートが改善しても，信用を新たに受けられる企業家の数は極僅かであるため，バランスシートの改善が投資，生産に与える追加的効果は小さいのである．この状況は，多くの企業家がすでに資金調達できているため，バランスシートが改善しても銀行が新たにリスクを取れる企業家の数が少なくなっていることを意味する．

　本稿の分析からすると，GH，BGG や細野・渡辺らの分析は大恐慌ほどの深刻な不況ではなく，それほど深刻ではない不況を分析対象としていることになる．つまり，彼らは経済が S 字型カーブの concave 部分に存在している状況を分析しており，彼らのいう不況は，それほど深刻な不況ではないと考えられる．そのため，企業の純資産が全般に低下するほどバランスシート効果は大きいという結論が導かれたと考えられる．事実，GH は 1970 年から 1984 年までの期間を分析対象としており，細野・渡辺は 1971 年から 1999 年までの期間を実証分析の対象としている．対象期間を考えると，彼らのいう不況期は大恐慌ほどの深刻な不況期ではないといえるだろう．一方，Stiglitz らはアメリカの大恐慌のような深刻な不況期を議論の対象としている．本稿のモデルでは，Stiglitz 達の分析は，経済が S 字型カーブの convex 部分の左端に存在している状況を分析していることになる．そのため，企業のバランスシートが悪化し，企業投資の収益に関する見通しも悪くなる不況期，とりわけ深刻な不況期には，銀行貸出を促し，企業投資の拡大を通じて生産を大きく増やすことは困難であるという結論が導かれたと考えられる．

　以上の分析から，バランスシート効果に関して，一見矛盾した指摘があるのは，議論の対象となっている不況の規模が異なっているからであることが明らかになった．一方はそれほど深刻ではない不況期を議論の対象にし，他方は深刻な不況期を議論の対象としている．だからこそ，バランスシート効果に関して一見矛盾する指摘がなされてい

図6

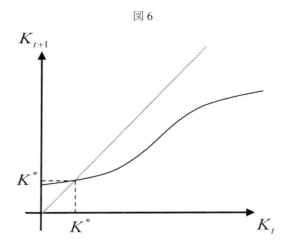

るのである.以上の議論をまとめたのが図1である.

　なお,本稿の分析ではエッセンスを明確にするために,企業家分布を一様分布として分析を進めているが,一様分布以外のケースでも本稿の結論は成立する.その1つとして,たとえば,図4の領域 $GEDJ$ の中心で single peak となる左右対称な企業家分布を考えてみよう.バランスシートの改善によって企業家分布が右にシフトしていくとき,限界的に信用制約を受ける企業家の数は,企業家分布を直線 CL で切ったときの切り口に対応している.そのため,限界的に信用制約を受ける企業家の数は,企業家の純資産に関する分布が $W^e_{t,max} \leq \overline{W}^e$ のときには増えていき,$W^e_{t,min} > \underline{W}^e$ となると減っていく.したがって,この場合でもバランスシート効果は非線形であり,純資産の平均値に対して S 字型カーブを描く.

　次の節では,経済政策の有効性について分析を進めるが,その前に定常均衡の存在に関して説明しておこう.

第3章　バランスシート効果の性質　　**25**

仮定 7.　$\eta R^{\mu} \frac{(1-\sigma)}{\bar{e}-\underline{e}} < 1$

　仮定 7 は, K_t と K_{t+1} の関係に関して, 傾きが最も急になるときの傾きの値が 1 より小さくなることを意味する. したがって, 仮定 3 と仮定 7 のもとでは次の命題が成り立つ.

命題 3.　仮定 3 と仮定 7 が満たされるとき, この経済には唯一の定常均衡が存在する.

　図 6 は K_t と K_{t+1} の関係を描いたグラフである. 次節で分析するが, 命題 2 の説明から明らかなように, 経済政策の有効性は, 経済の定常均衡が S 字型カーブのどこに存在しているのかに依存する. なお, $\eta R^{\mu} \frac{(1-\sigma)}{\bar{e}-\underline{e}} > 1$ のときには, 定常均衡は複数存在するかもしれないが, ここでは分析しない.

第4章 政策含意：
資産再分配政策の有効性

第3章で明らかにされたように，バランスシート効果は本質的に非線形であり，企業家の純資産の大きさによって異なる．バランスシート効果がもつこの性質は，経済政策の有効性を考える上で重要な含意をもつ．そこで第4章では，第3章のモデルを応用し，政策含意を考える．ここでは資産の再分配政策を採り上げ，その有効性を分析する．

政府は若者の貸し手に対して，1人当たりτだけの課税をし，得た税収を若者の企業家に均等に分配する．これは課税・補助金政策を通じた貸し手から借り手への資産の再分配政策であるが，広い意味では金融政策の再分配効果を捉えているとも解釈できる．なぜなら，金融緩和・引き締め政策によって，予期しないインフレやデフレが生じると，貸し手（借り手）から借り手（貸し手）に富の再分配が生じるからである．政府が得る総税収は$(1-\eta)\tau$であり，企業家一人当たり$(1-\eta)\tau/\eta$だけの補助金を受け取る．したがって，若者の企業家の純資産は補助金分だけ増える．つまり，$W_t^e \in \left[w_t + e_{\min} + \frac{1-\eta}{\eta}\tau, w_t + e_{\max} + \frac{1-\eta}{\eta}\tau\right] \equiv \left[W_{t,\min}^e, W_{t,\max}^e\right]$. また，第2章と同じように，次を仮定する．

仮定 8. $\eta \int_{e_{\min}+\frac{1-\eta}{\eta}\tau}^{e_{\max}+\frac{1-\eta}{\eta}\tau} \int_{\underline{I}}^{\overline{I}} \left(I - W_t^e\right) dI dW_t^e \frac{1}{\overline{I}-\underline{I}} \frac{1}{\overline{e}-\underline{e}} < (1-\eta)(e^l - \tau)$

この仮定は，この経済には常に企業家の投資をファイナンスするだけの十分な資金が存在していることを意味する．この仮定のもとでは，均衡で預金金利は貯蓄技術のリターンrに等しくなる．

まず，上で述べた資産の再分配政策が定常均衡の生産に与える影響について考えてみよう．

28

第2章の命題4で示したように，この経済には唯一の定常均衡が存在する．均衡では，$Y_t = K_t$ が成立することを考慮すると，定常均衡の $K^* = Y^*$ は次の式を満たす．$Y^* = \eta \int_{(1-\sigma)Y^*+e_{\min}+\frac{1-\eta}{\eta}\tau}^{(1-\sigma)Y^*+e_{\max}+\frac{1-\eta}{\eta}\tau} \int_{\underline{I}}^{\hat{I}(W_t^e)} R^\mu dI d$ $\cdot W_t^e \frac{1}{\overline{I}-\underline{I}} \frac{1}{\overline{e}-\underline{e}}$．この式を使うことで，次の命題が得られる．

命題 4. 信用制約に陥っている企業家が存在する限り，資産の再分配政策の強化によって，定常均衡の生産は増える．

証明 定常均衡における企業家の純資産分布の位置は次の4つのケースにわかれる．それぞれのケースにおいて，再分配政策の効果を示す．定常均衡における W_{max}^e と $W_{\min}^e$ はそれぞれ次を満たす．$W_{max}^e = w + e_{\max} = (1-\sigma)K^* + e_{\max}, W_{\min}^e = w + e_{\min} = (1-\sigma)K^* + e_{\min}$.

イ）$W_{max}^e < \overline{W}^e \Leftrightarrow K^* = Y^* < \frac{\overline{W}^e - e_{\max}}{1-\sigma}$ のとき，

$\frac{dY^*}{d\tau} = \int_{\underline{I}}^{\hat{I}(W_{t,max}^w)} R^\mu dI \frac{1}{\overline{I}-\underline{I}} \frac{1-\eta}{\overline{e}-\underline{e}} \left[1 - \eta \int_{\underline{I}}^{\hat{I}(W_{t,max}^w)} R^\mu dI \frac{1}{\overline{I}-\underline{I}} \frac{1-\sigma}{\overline{e}-\underline{e}} \right]^{-1} > 0$.

ロ）$W_{max}^e \geq \overline{W}^e$ かつ $W_{min}^e \leq \underline{W}^e \Leftrightarrow \frac{\overline{W}^e - e_{\max}}{1-\sigma} \leq K^* = Y^* \leq \frac{\overline{W}^e - e\min}{1-\sigma}$ のとき，$\frac{dY^*}{d\tau} = R^\mu \frac{1-\eta}{\overline{e}-\underline{e}} \left[1 - \eta \frac{R^\mu}{\overline{e}-\underline{e}} (1-\sigma) \right]^{-1} > 0$.

ハ）$\underline{W}^e < W_{min}^e \Leftrightarrow K^* = Y^* > \frac{W^e - e\min}{1-\sigma}$ のとき，

$\frac{dY^*}{d\tau} = \int_{\hat{I}(W_{t,min}^e)}^{\overline{I}} R^\mu dI \frac{1}{\overline{I}-\underline{I}} \frac{1-\eta}{\overline{e}-\underline{e}} \left[1 - \eta \int_{\hat{I}(W_{t,min}^e)}^{\overline{I}} R^\mu dI \frac{1}{\overline{I}-\underline{I}} \frac{1-\sigma}{\overline{e}-\underline{e}} \right]^{-1} > 0$.

ニ）$W_{min}^e \geq \overline{W}^e \Leftrightarrow K^* = Y^* \geq \frac{\overline{W}^e - e\min}{1-\sigma}$ のとき，$\frac{dY^*}{d\tau} = 0$.

命題4の直観は単純である．政府が貸し手に課税をし，得た税収を借り手に補助金として再分配すると，企業家の純資産は増える．企業家の純資産が増えると，より多くの企業家が資金調達できるようになる結果，経済全体の生産は増える．

次に，この資産の再分配政策の有効性について分析してみよう．

命題 5. 資産の再分配政策の有効性は経済が S 字型カーブのどこに存在しているのかに依存する.

証明 定常均衡における企業家の純資産の資産分布の位置に応じて, 再分配政策の効果が異なることを示す.

イ) $W^e_{max} < \overline{W^e} \Leftrightarrow K^* = Y^* < \frac{\overline{W^e} - e_{max}}{1-\sigma}$ のとき,

$$\frac{\partial^2 Y^*}{\partial A \partial \tau} = \frac{R^\mu}{\overline{I} - \underline{I}} \frac{1-\eta}{\overline{e} - \underline{e}} \left[1 - \eta \int_{\underline{I}}^{\hat{I}(W^w_{t,max})} R^\mu dI \frac{1}{\overline{I} - \underline{I}} \frac{1-\sigma}{\overline{e} - \underline{e}} \right]^{-2} > 0.$$

ロ) $W^e_{max} \geq \overline{W^e}$ かつ $W^e_{t,min} \leq \underline{W^e} \Leftrightarrow \frac{\overline{W^e} - e_{max}}{1-\sigma} \leq K^* = Y^* \leq \frac{\overline{W^e} - e\min}{1-\sigma}$

のとき, $\frac{\partial^2 Y^*}{\partial A \partial \tau} = 0.$

ハ) $\underline{W^e} < W^e_{min} \Leftrightarrow K^* = Y^* > \frac{W^e - e\min}{1-\sigma}$ のとき,

$$\frac{\partial^2 Y^*}{\partial A \partial \tau} = -\frac{R^\mu}{\overline{I} - \underline{I}} \frac{1-\eta}{\overline{e} - \underline{e}} \left[1 - \eta \int_{\hat{I}(W^e_{t,min})}^{\overline{I}} R^\mu dI \frac{1}{\overline{I} - \underline{I}} \frac{1-\sigma}{\overline{e} - \underline{e}} \right]^{-2} < 0.$$

ニ) $W^e_{min} \geq \overline{W^e} \Leftrightarrow K^* = Y^* \geq \frac{\overline{W^e} - e\min}{1-\sigma}$ のとき, $\frac{\partial^2 Y^*}{\partial A \partial \tau} = 0.$

命題 5 から, 経済の定常均衡が S 字型カーブの convex 部分に存在しているのか, それとも concave 部分に存在しているのかによって, バランスシート効果を通じた資産の再分配政策の有効性は異なる. たとえば, 経済の定常均衡が S 字型カーブの concave 部分に存在しているとしよう. このとき, 生産性 A が低く, 企業家の純資産が全般に低下するほどバランスシート効果は大きくなる. したがって, 不況期の方が, 再分配政策によって銀行貸出を促し, 企業投資の拡大を通じて生産を大きく増加させることが可能になる. 一方, 経済が S 字型カーブの convex 部分に存在しているとしよう. このとき, 企業家の純資産が全般に低下するほどバランスシート効果は小さい. したがって, 生産性 A が大きく低迷し経済が S 字型カーブの左端に陥っている深刻な不況期には, 再分配政策によって銀行貸出を促し, 企業投資の拡大を通

じて生産を大きく増加させることは困難になる.

このような不況になるほど資産の再分配政策の効果は大きいが,深刻な不況になると再分配政策の効果はかえって小さくなるという理論的結果は,不況期の金融政策の有効性に対して含意を持つ.すなわち,本稿の理論結果は,中程度の不況期には金融政策の有効性は大きいが,企業のバランスシートが大きく悪化した深刻な不況期には金融政策は有効性を失うという含意を持つ.Kasuya (2003) は,1976 年以降のデータをもとに,日本において金融政策の実体経済に与える効果が,どのような状況で,どのように変化してきたのかを実証的に明らかにしている.実証分析の結果,不況になるほど金融政策効果は大きいが,過度の不況には効果が反転するという変化と,貸出市場での貸出態度が厳しいと金融政策効果は大きいが,過度に厳しくなると政策効果は反転するという結果を得ている.この結果は本稿の理論分析を実証的にもサポートしているといえるだろう.また,本稿の分析は,深刻な不況期には金融政策は効果を失うという,いわゆる「流動性の罠」の議論に対して,バランスシート効果の観点から理論的根拠を与えているといえるだろう.

第5章 結論

　本稿では，バランスシート効果がもつ性質を理論的に明らかにした．この性質とは，バランスシート効果は本質的に非線形であり，企業の純資産が全般に高い水準にあるのか，それとも低い水準にあるのかによって異なるという性質である．つまり，横軸に企業の純資産の平均値，縦軸に経済全体の投資量，もしくは生産量をとったとき，その関係は非線形であり，S字型カーブを描く．したがって，バランスシート効果の大きさは，経済がS字型カーブのどこに存在しているのかに依存している．経済が大恐慌のような深刻な不況に陥っており，S字型カーブの左端に存在しているときには，バランスシート効果は非常に小さい．一方，経済がそれほど深刻な不況ではなく，S字型カーブの中央に存在しているときには，バランスシート効果は大きい．

　本稿のモデルからすると，GH，BGG，細野・渡辺らの分析は，経済がそれほど深刻な不況ではなく，S字型カーブのconcave部分に存在しているときを分析していると考えられる．そのため，企業の純資産が全般に低下する局面の方が，バランスシート効果は大きいという結論が導かれたと考えられる．一方，Stiglitzらの分析は経済が深刻な不況に陥っており，S字型カーブのconvex部分，特に左端に存在しているときを分析していると考えられる．そのため，企業のバランスシートが悪化し，企業投資の収益に関する見通しも悪くなる不況期，とりわけ深刻な不況期には，銀行貸出を促し，企業投資の拡大を通じて生産を大きく増やすことは困難であるという結論が導かれたと考えられる．

参考文献

細野薫・渡辺努. (2002),「企業バランスシートと金融政策」『経済研究』 53(2).

Bernanke, Ben, and Mark Gertler. (1989), "Agency Costs, Net Worth and Business Fluctuations," *American Economic Review*. 79(1), 14–31.

Bernanke, Ben, Mark Gertler, and Simon Gilchrist. (1996), "The Financial Accelerator and the Flight to Quality," *Review of Economics & Statistics*, 78(1), 1–15.

Bernanke, Ben, Mark Gertler, and Simon Gilchrist. (1998), "The Financial Accelerator in a Quantitative Business Cycle Framework," *NBER Working Paper*, *No.6455*.

Kasuya, Munehisa. (2003). "Regime Switching Approach to Monetary Policy Effects: Empirical Studies Using a Smooth Transition Vector Autoregressive Model," *Bank of Japan Working Paper Series*.

Kiyotaki, Nobuhiro, and John Moore. (1997), "Credit Cycles," *Journal of Political Economy,* 105(2), 211–248.

Greenwald, Bruce, Joseph Stiglitz, and Andrew Weiss. (1984), "Informational Imperfections in the Capital Market and Macroeconomic Fluctuations," *American Economic Review Papers and Proceedings*, 74(2), 194–199.

Greenwald, Bruce, and Joseph Stiglitz. (1992), "Towards a Reformulation of Monetary Thery: Competitive Banking," *NBER Working Paper*, *No.4117*.

Stiglitz, Joseph. (1993), (1997), *Principles of Macroeconomics 1st, 2nd Edition*, (New York, NY: W.W. Norton).

Stiglitz, Joseph. (2016), "The Theory of Credit and Macro-Economic Stability," *NBER Working Paper*, 22837.

Townsend, Robert. (1979), "Optimal Contracts and Competitive Markets with Costly State Verification," *Journal of Economic Theory*, 21(2), 265–93.

Williamson, Stephen. (1986), "Costly Monitoring, Financial Intermediation and Equilibrium Credit Rationing," *Journal of Monetary Economics*, 18(2), 159–179.

著者紹介

平野　智裕

2000 年　上智大学経済学部経済学科卒業

2002 年　株式会社中部アルミ工業勤務

2008 年　金融庁勤務

2010 年　経済学博士号取得（東京大学）

2011 年　東京大学大学院経済学研究科特任講師

現在　　東京大学大学院経済学研究科講師

　　　　元・三菱経済研究所研究員

バランスシート効果と政策の有効性について

2017 年 3 月 10 日印刷
2017 年 3 月 15 日発行

定価　本体 1,000 円＋税

著　　者　　平　野　智　裕

発 行 所　　公益財団法人　三菱経済研究所
　　　　　　東 京 都 文 京 区 湯 島 4–10–14
　　　　　　〒 113–0034 電話 (03)5802–8670

印 刷 所　　株式会社　国　際　文　献　社
　　　　　　東 京 都 新 宿 区 高 田 馬 場 3–8–8
　　　　　　〒 169–0075 電話 (03)3362–9741 ～ 4

ISBN 978-4-943852-60-5